Granger E. Westberg hat mit «Gute Trauer» das Trostbuch der amerikanischen Nation geschrieben. Die englische Ausgabe wurde bisher mehr als 3 Millionen Mal verkauft. Nun erscheint der Klassiker erstmals in deutscher Sprache.

Granger E. Westberg beschreibt zehn emotionale Stadien der Trauer – vom Schock über Schuldgefühle und Wut bis zur neu aufkeimenden Hoffnung –, die die meisten Menschen auch mit physischen Symptomen durchleben, wenn sie schwere Verluste verarbeiten müssen. Dabei geht es nicht nur um Todesfälle, sondern auch um Trennungen von geliebten Menschen oder plötzliche Arbeitslosigkeit. Westberg erklärt, was man in den einzelnen Stadien beachten sollte, um nicht in einer Phase steckenzubleiben, und wie ein Neubeginn gelingen kann. Trauer ist Arbeit, aber es gibt, so das Fazit, auch eine Weisheit der Trauer, durch die wir lernen können, sinnvoll mit Verlusten umzugehen.

Granger E. Westberg war Professor für Medizin und Theologie an der University of Chicago. Sein Lebensthema war das Verhältnis von Medizin und Religion. Er gilt als Pionier einer ganzheitlichen Medizin.

beck'sche
reihe

Granger E. Westberg

Gute Trauer

Vom Umgang
mit Verlusten

Aus dem amerikanischen Englisch
von Rita Seuß

Mit Fotos von Bobby Boe

Verlag C.H.Beck

Titel der amerikanischen Originalausgabe: Good Grief
Copyright © Fortress Press, an imprint of Augsburg Fortress,
Minneapolis

Mit 10 Abbildungen

Originalausgabe

Für die deutsche Ausgabe:
© Verlag C.H.Beck oHG, München 2011
Satz: Im Verlag C.H.Beck
Druck und Bindung: GGP Media GmbH, Pößneck
Umschlaggestaltung: Geviert — Büro für Kommunikationsdesign,
München, Christian Otto
Umschlagbild: © Bobby Boe, München
Printed in Germany
ISBN 978 3 406 62120 8

www.beck.de

Im Gedenken an meine Schwester Viola,
die vielen Menschen geholfen hat,
in tiefer Verzweiflung neue Hoffnung zu schöpfen

Inhalt

Vorwort

Es erfüllt mich mit tiefer Dankbarkeit, dass so viele Leser in einer Situation von Schmerz, Verlust und Trauer dieses kleine Buch hilfreich fanden. In den vergangenen fünfunddreißig Jahren habe ich gelernt, dass die vielfältigen Verlusterfahrungen, die wir in unserem Leben zu bewältigen haben, nicht ausschließlich niederschmetternd sein müssen. Sie können, wenigstens bis zu einem gewissen Grad, unser Leben auch bereichern. Schmerz ist nicht erstrebenswert, muss uns aber auch nicht in aussichtslose Verzweiflung stürzen. Es kann uns gelingen, die Bitterkeit zu besiegen und nach vorn zu blicken.

Wie also kann uns die Lektüre dieses Büchleins über «gute Trauer» helfen?

Die Erfahrung eines Verlustes lässt uns ein klein wenig mehr wachsen und reifen.

Die Erfahrung eines Verlustes macht uns zu tiefer

empfindenden Menschen, weil wir das Gefühl scheinbar aussichtsloser Verzweiflung selbst durchlebt haben.

Die Erfahrung eines Verlustes wird uns letztlich stärker machen, weil unsere seelischen Muskeln lernen mussten, zerklüftete Bergpfade zu bewältigen.

Die Erfahrung eines Verlustes versetzt uns besser in die Lage, anderen beizustehen. Wir haben selbst das dunkle Tal der Trauer durchschritten. Wir wissen, wie das ist.

Deshalb habe ich dieses Büchlein *Gute Trauer* genannt.

Granger E. Westberg

Einleitung

Wir verbringen einen Großteil unseres Lebens im beharrlichen Bemühen, uns das anzueignen, was unser Leben bereichert und sinnvoll macht: Freunde, einen Partner, Kinder, ein Zuhause, eine Arbeit, materiellen Komfort, Geld (geben wir es ruhig zu) und Sicherheit. Doch was geschieht mit uns, wenn wir einen geliebten Menschen verlieren oder etwas anderes, das uns viel bedeutet?

Es ist ganz natürlich, dass wir den Verlust von etwas Wichtigem betrauern. Wenn der Verlust schwerwiegend ist, wird unser Leben in seinen Grundfesten erschüttert, und wir fallen in tiefe Verzweiflung. Da wir über das Wesen der Trauer wenig wissen, geraten wir in einer solchen Situation leicht in Panik, und das stürzt uns noch tiefer in die Ausweglosigkeit. Was können wir über den «Trauerprozess» in Erfahrung bringen, um ihn besser zu bewältigen?

Hat der religiöse Glaube eines Menschen Einfluss auf die Art und Weise, wie er über das Verlorene trauert? Wenn wir beispielsweise unseren Arbeitsplatz verlieren oder einen guten Freund, wenn wir in der Schule versagen oder die Kollegen im Büro uns nicht mögen, weil wir unpopuläre Ansichten vertreten – ist dann die Art und Weise, wie wir darauf reagieren, von unserem Glauben geprägt?

Der religiöse Glaube spielt bei jeder Trauer eine wichtige Rolle, wenn auch in anderer Weise, als man gemeinhin denkt. Manche scheinen die Vorstellung zu haben, ein Mensch mit einem starken Glauben kenne keine Trauer, er stehe darüber. Sie denken, der religiöse Glaube fördere stoischen Gleichmut, und verweisen auf das Bibelwort: «Seid nicht traurig!» Aber sie zitieren den Satz nicht vollständig, denn er geht folgendermaßen weiter: «Seid nicht traurig wie die andern, die keine Hoffnung haben» (1 Thess 4,13).

Die Religion, zumindest in der jüdisch-christlichen Tradition, hat nie gesagt, ein wirklich religiöser Mensch kenne keine Trauer. Allerdings ist sie der Ansicht, dass es gute und schlechte Trauer gibt und dass die Einschätzung dessen, was einem Menschen in seinem Leben wichtig ist, auch die Art und Weise seiner Trauer beeinflusst.

Das Thema dieses Büchleins ist die «gute Trauer», und wir werden versuchen, die positiven Aspekte der Trauer zu erkunden. Wir wollen versuchen, nicht nur das Grundmuster des Trauerns zu beschreiben, sondern auch darzulegen, was wir daraus lernen können. Und da jeder Mensch im Laufe seines Lebens mit Situationen konfrontiert wird, in denen er jemanden verliert, den er liebt, oder etwas, das ihm wichtig ist, wendet sich dieses Buch an alle.

Wenn wir zu unseren «großen» auch die «kleinen» Trauerfälle hinzunehmen, können wir sagen, dass der Schmerz über einen Verlust für den Menschen so natürlich ist wie das Atmen. Er ist unvermeidlich! Wir erleben ihn auf tausend verschiedene Arten. Eine scheinbare Lappalie wie der Anruf ihres Mannes kurz vor Ankunft der zum Abendessen geladenen Gäste, er habe noch länger im Büro zu tun, kann die Frau mit einem Verlust konfrontieren, den sie erst einmal verarbeiten muss. Ein anderes Beispiel: Wir trauern dem Chef nach, unter dem wir zehn Jahre lang glücklich und zufrieden gearbeitet haben; plötzlich wird er versetzt, und der neue Chef ist überheblich und tyrannisch. Die Art und Weise, in der jemand mit solchen «kleinen Trauerfällen» umgeht, kann in gewisser Weise Aufschluss darüber geben, wie er größeren Kummer bewältigt.

Es lässt sich heute ziemlich genau vorhersagen, was mit uns geschieht, wenn etwas oder jemand, der für unser Leben wichtig war, auf einmal nicht mehr da ist. Doch bevor ich beschreibe, welchem Muster der Trauerbewältigung die meisten Menschen folgen, möchte ich betonen, dass Trauer in ganz unterschiedlichen Situationen erlebt wird. Selbstverständlich beim Tod eines geliebten Menschen; doch es gibt zahlreiche weitere Verlusterfahrungen.

Eine der häufigsten Trauersituationen ergibt sich aus der hohen Mobilität in unserer Kultur. Mittlerweile zieht jeder Fünfte einmal im Jahr um, weil er anderswo eine Arbeit findet oder befördert wird. Die damit verbundene Entwurzelung der Familien konnte in den Vereinigten Staaten inzwischen lange genug beobachtet werden, um bestimmte Formen emotionaler Instabilität darauf zurückzuführen. Mit dem Umzug zerreißen bis dahin stabilisierende Bindungen an eine Gemeinschaft, die jedes Kind, aber auch jeder Erwachsene so dringend braucht. Von diesem Verlust vertrauter Beziehungen sind die einzelnen Mitglieder der Familie in unterschiedlicher Weise betroffen.

Die Frage ist berechtigt, ob Firmen, die ihre wichtigsten Mitarbeiter alle zwei bis fünf Jahre versetzen, klug handeln oder ob diese Politik letztlich nicht auch den Interessen des Unternehmens widerspricht.

Nehmen wir das Beispiel einer Familie, die innerhalb der letzten Jahre drei Mal umgezogen ist. In der jetzigen Stadt lebt sie seit zwei Jahren, und nach einigen Anfangsschwierigkeiten fühlen sich die Kinder im Kreis ihrer neuen Freunde und Mitschüler endlich wohl. Doch dann macht die Firma dem Vater das «Angebot», den Wohnort ein viertes Mal zu wechseln. Die Mutter sagt, sie habe sich nirgends so wohl gefühlt wie in dieser Stadt. Die ganze Familie hatte gehofft, hier länger bleiben zu können. Aber der Mann steht kurz vor der Ernennung zum Abteilungsleiter, und die Firma geht davon aus, dass es für ihre Mitarbeiter von Vorteil ist, häufig umzuziehen.

Im Licht neuerer Erkenntnisse der psychosomatischen Medizin bin ich mir dessen nicht so sicher. Ich habe jahrelang in Krankenhäusern und medizinischen Einrichtungen gearbeitet und viele Menschen kennengelernt, die nach einer solchen Erfahrung der Entwurzelung erkrankt sind oder völlig aus der Bahn geworfen wurden. Ich hatte mit Kindern zu tun, die drei Monate vor und drei Monate oder länger nach dem Umzug völlig aufgewühlt waren.

Solche Unternehmenspraktiken tragen mit Sicherheit zur Instabilität unserer Gesellschaft bei, und die Firmen täten gut daran, sich mit den langfristigen Folgen ständiger Arbeitsplatzwechsel auseinanderzusetzen.

Oder nehmen wir das Problem der Scheidung. Eine Scheidung bedeutet den Verlust eines geliebten Menschen und löst Schmerz und Trauer aus. Es ist fast wie die Erfahrung des Todes, wenn man erleben muss, wie der Mensch, den man immer noch liebt, sich von einem abwendet und einem buchstäblich ins Gesicht schlägt.

Auch der Eintritt in den Ruhestand kann das Gefühl eines schmerzlichen Verlustes auslösen. Nicht alle Menschen freuen sich auf den Ruhestand, wenn sie eine bestimmte, willkürlich festgelegte Altersgrenze erreicht haben. Manche haben das Gefühl, noch mindestens weitere zehn Jahre wertvolle Dienste leisten zu können, und hoffen, dass der Arbeit-geber in ihrem Fall eine Ausnahme macht. Aber mit Erreichen des gesetzlichen Rentenalters werden auch sie automatisch in den Ruhestand versetzt. Viele dieser Arbeitnehmer scheiden schweren Herzens aus der Firma aus, da sie mit einem Schlag ihren ganzen Lebensinhalt verloren haben.

Oder denken wir an einen Mann Mitte vierzig, der in einer wirtschaftlich schwierigen Phase seiner Firma entlassen wird.

Denken wir an jemanden, der sich in seiner Firma sehr engagiert hat. Er hat Überstunden gemacht und auch am Wochenende gearbeitet, um zu zeigen, dass er für eine bestimmte Position geeignet ist. Als dann nach ein paar Jahren die Stelle endlich frei wird, ist er felsenfest davon überzeugt, dass er sie bekommt. Aber der Chef gibt die Stelle nicht ihm, sondern seinem Neffen, der dringend eine Arbeit sucht. Ist das ein Grund zur Trauer? Selbstverständlich!

Ein anderes Beispiel: Die Eltern verlieren ihr Kind nicht durch Tod, sondern durch Heirat. Sein Zimmer ist plötzlich leer, und aus dem Haus ist alles Leben gewichen. Kein Lachen und keine Freude mehr; jetzt ist es still wie in einem Grab. Oder eine Tochter bricht mit ihren Eltern und führt ein Leben, das allem, was Vater und Mutter ihr beigebracht haben, vollkommen widerspricht. Oder eine Tochter glaubt, die Liebe ihres Lebens gefunden zu haben, und schmiedet Heiratspläne. Doch dann stellt sie plötzlich fest, dass der Mann es gar nicht ernst gemeint hat, und die Heiratspläne müssen aufgegeben werden.

Die Liste möglicher Verlusterfahrungen ist lang. Wir können unsere Gesundheit verlieren, unser Augenlicht oder unser Gehör. Wir können unser Haus bei einer Brandkatastrophe oder einem Wirbelsturm verlieren oder durch finanziellen Zusammenbruch. Manche Familien trauern um den Verlust eines Haustiers, das über viele Jahre hinweg ein Teil von ihnen gewesen ist. All das kann einen Trauerprozess in Gang setzen.

Schmerz und Trauer gehören zum Leben eines jeden Menschen, und kleine Verluste in der einen oder anderen Form müssen wir fast jeden Tag bewältigen.

Die Behauptung, ein religiöser Mensch kenne keine Trauer, ist lächerlich. Sie geht nicht nur völlig an der Wirklichkeit vorbei, sondern ist auch mit der christlichen Botschaft unvereinbar.

«Jesus weinte» – diesen Satz kennt jedes Kind aus dem Religionsunterricht. Er beschreibt einen Menschen, der in seinem Kummer fähig war zu weinen, weil er seine Empfindungen zum Ausdruck bringen wollte und musste.

Unter der Aufforderung «Seid nicht traurig» verstehen viele die Ermunterung zu stoischem Gleichmut. Aber die Philosophie der Stoiker ist nicht die unsere. Christen sollten den Unterschied zwischen dem Stoizismus und dem Christentum kennen. Im Alten wie im Neuen Testament ist die Trauer etwas Normales und eine potentiell schöpferische Kraft.

Den oben zitierten Satz aus dem Thessalonicher-Brief könnte man abwandeln zu: «Seid traurig, aber nicht wie die andern, die keine Hoffnung haben», um dann hinzuzufügen: «Aber seid um Himmels willen traurig, wenn es etwas gibt, was betrauernswert ist!»

Wir Seelsorger haben schon vor Jahren entdeckt, dass viele Menschen, mit denen wir Gespräche führten, unter einem unbewältigten Kummer litten. Wenn wir versuchten, ihre Probleme zu verstehen, merkten wir bald, dass sie auf den Verlust einer wertvollen Beziehung oder eines wertvollen Besitztums ganz ähnlich reagierten wie auf den Tod eines geliebten Menschen.

Wir sahen auch, dass Trauernde – was auch immer der Grund für ihre Trauer sein mag – bei der Bewältigung ihres Verlustes einem ganz bestimmten Muster folgen, das mehrere Phasen umfasst.

Das Konzept von Trauerphasen wurde erstmals von Erich Lindemann erarbeitet, Professor für Psychiatrie in Harvard. Er beschrieb den Trauerprozess in einem bahnbrechenden Aufsatz über Symptomatologie und Therapie bei akuter Trauer («Symptomatology and Management of Acute Grief», 1944 im *American Journal of Psychiatry* erschienen).

In dieser vielbeachteten Untersuchung zeigte Lindemann den Unterschied zwischen normalen und anormalen, krankhaften Trauerreaktionen. Er betonte die Notwendigkeit, den Betroffenen zu ermutigen, den Kampf der «Trauerarbeit» auf sich zu nehmen. Dem Trauernden, so Lindemann, muss geholfen werden, «sich aus der Bindung an den Verstorbenen zu lösen und neue und bereichernde Beziehungsmuster zu finden».

Lindemann beschrieb fünf Phasen der akuten Trauer: *erstens* körperliche Symptome, *zweitens* ständige

Beschäftigung mit dem Bild des Verstorbenen, *drittens* Schuldgefühle, *viertens* feindselige Reaktionen und *fünftens* den Verlust gewohnter Verhaltensmuster.

Lindemanns Untersuchung ermutigte Geistliche, mit den Trauerreaktionen ihrer Gemeindemitglieder objektiver umzugehen. Sie erkannten bald, dass Trauernde, die sich offen und aufrichtig mit einem Verlust auseinandersetzten, aus dieser Trauererfahrung gestärkt hervorgingen. Sie waren zu tieferen Gefühlen fähig und besser in der Lage, anderen bei der Bewältigung ihrer Trauer zu helfen.

Freilich bedeutete die Auseinandersetzung mit den Problemen nach einem Verlust auch, dass der Betroffene seine religiösen Überzeugungen überdachte und neu bewertete. Er fing an, bestimmte Aspekte seines Glaubens in Frage zu stellen, und erlebte häufig eine Phase des Zweifels, in der er die Bedeutung des christlichen Glaubens für die Bewältigung persönlicher Probleme kritisch betrachtete. Wenn es ihm jedoch gelang, durch regelmäßige Teilnahme am Gottesdienst und den Kontakt zu mitfühlenden Gemeindemitgliedern in irgendeiner Art und Weise an seiner Beziehung zu Gott festzuhalten, dann erlebte er dieses Ringen als eine bereichernde Erfahrung, die ihn in seinem Glauben sogar wachsen ließ. Wie Hiob im Alten Testament wurde auch der Trauernde von allen Seiten bedrängt, hielt aber dennoch an seinem Glauben fest.

Über die Jahrhunderte hinweg haben Menschen, die Schmerz und Trauer in dem Bewusstsein bewältigten, dass Gott ihnen dennoch nahe ist, bezeugt, dass sie durch diese Erfahrungen zu einem tieferen Leben gefunden haben.

Die in diesem Buch beschriebenen zehn Phasen der Trauer müssen als ganz normaler Prozess verstanden werden, den die meisten Menschen durchlaufen, wenn sie einen Verlust zu verarbeiten haben. Mit anderen Worten: Die meisten von uns müssen diesen Weg gehen, um in den Alltag des Lebens zurückzufinden.

Wenn wir im Folgenden diese zehn Phasen der Trauer genauer betrachten, dürfen wir nicht vergessen, dass nicht jeder Mensch notwendigerweise alle diese Phasen durchlaufen muss und auch nicht unbedingt in dieser Reihenfolge. Es ist darüber hinaus unmöglich, die einzelnen Phasen klar voneinander zu trennen, denn kein Mensch bewegt sich schematisch von einer Phase zur nächsten.

Phase eins

Der Schock

Der Schock ist eine vorübergehende Flucht
aus der Realität. Solange diese Flucht
vorübergehend bleibt, ist es gut.

Gott hat uns so gemacht, dass wir Schmerz und Kummer, ja sogar sehr tragische Ereignisse auszuhalten imstande sind. Wenn aber der Schmerz überwältigend wird, sind wir manchmal wie betäubt. Für diese vorübergehende Betäubung sind wir dankbar, denn sie befreit uns von dem Zwang, uns mit der grausamen Realität sofort auseinanderzusetzen. Dieser Schockzustand – vielleicht sollte man von einem therapeutischen Schock sprechen – kann unterschiedlich lange dauern: ein paar Minuten, ein paar Stunden oder auch ein paar Tage. Wenn er wochenlang anhält, ist die Trauer wahrscheinlich ungesund, und dann sollte man professionelle Hilfe suchen.

Vor einem solchen Schock in den Anfangsphasen der Trauer braucht man keine Angst zu haben. Manchmal wirkt die trauernde Witwe fast strahlend, wenn sie die Trauergäste begrüßt, die ihr kondolieren. Oft heißt es dann: «Sie ist abgeklärt in ihrem Glauben!» Wir tendieren dazu, den Glauben mit stoischem Gleichmut gleichzusetzen, nicht mit Tränen. In Wirklichkeit jedoch kann es sein, dass sich diese Witwe im Zustand einer vorübergehenden Betäubung befindet, die ihr weiterhilft, bis sie bereit ist, in die nächste Phase der Trauer überzugehen.

Ein Seelsorger, der die Frau in einem solchen schockähnlichen Zustand erlebt, wird sie besuchen, wenn das Begräbnis vorbei ist, denn er weiß, dass dieser Schutzschild demnächst Risse bekommt und er ihr dann helfen muss, sich mit sich selbst auseinanderzusetzen. In manchen Fällen wird er sie sogar ermutigen, sich fallen zu lassen und die starken Gefühle, die sie sich bis dahin noch nicht eingestehen konnte, offen auszudrücken.

Ein Mann, dem nach zwanzig Jahren Tätigkeit in seiner Firma überraschend gekündigt wurde, beschrieb diesen Zustand so: «Ich war von dieser Nachricht so betäubt, dass ich wie in Trance herumlief. Ich habe gar nicht registriert, was sie gesagt haben. Ich hörte zwar die Worte, aber sie hatten mich noch nicht erreicht.»

Ein Schock ist eine vorübergehende Flucht aus der Realität. Solange sie vorübergehend bleibt, ist es gut. Doch in dieser Traumwelt zu verharren, statt sich mit der Realität des Verlustes auseinanderzusetzen, wäre sehr ungesund.

Hier liegt einer der Gründe, warum es gut ist, wenn wir uns während einer solchen Krise beschäftigen und möglichst viele unserer normalen Aktivitäten beibehalten. Nicht gut ist es, wenn andere alle Erledigungen und Entscheidungen für uns übernehmen.

Wohlmeinende Angehörige und Freunde verhindern womöglich die Bewältigung der Trauer, indem sie den Betroffenen zwingen, tatenlos herumzusitzen. Es ist wie bei einem frisch Operierten, den man früher umhegte und pflegte und der sich nicht bewegen, ja sich nach der Operation tagelang nicht einmal im Bett umdrehen durfte. Mit der Folge, dass der Patient noch kränker wurde und es sehr viel länger dauerte, bis sich alles wieder normalisierte.

Dasselbe gilt für die Trauer. Je früher jemand gezwungen ist, sich mit den anstehenden Problemen auseinanderzusetzen und wieder eigene Entscheidungen zu treffen, desto besser.

Die Betreuerin des großen Wohnheims einer Universität im Mittleren Westen berichtete von ihren vielfältigen Erfahrungen mit Studentinnen, die «von zu Hause eine schlechte Nachricht erhalten haben»:

«Ich achte immer darauf, dass ich den Mädchen zur Seite stehe, wenn sie Telefonate führen und sich auf ihre Abreise vorbereiten. Aber ich lasse sie so viel wie möglich selber machen: Koffer packen, anstehende Entscheidungen fällen. Ihre Mitbewohnerinnen sind bestrebt, ihnen möglichst viel abzunehmen, aber meiner Erfahrung nach ist dies das Schlimmste, was man jemandem in einer solchen Situation antun kann.»

Kurz gesagt: Man sollte einem solchen Menschen zur Seite stehen und in seiner Nähe bleiben, um ihm zu helfen, wenn alles zusammenbricht, aber man sollte ihm nicht die therapeutisch wertvolle Möglichkeit nehmen, Dinge zu tun, die er selbst erledigen kann. Die Aktivität wird ihm am besten helfen, aus seiner Trance herauszufinden und «seine Trauerarbeit fortzusetzen», wie Erich Lindemann sagen würde.

Auch wenn jemand aus seinem Schockzustand erwacht ist, wird er in den nachfolgenden Tagen und Wochen Momente erleben, in denen ihm der Verlust erneut als unwirklich erscheint. Er wird gelegentlich sagen: «Ich kann es einfach nicht fassen, dass das passiert ist. Rein verstandesmäßig weiß ich es zwar, aber ich glaube, emotional habe ich es noch gar nicht richtig akzeptiert.»

Für uns alle besteht die größte Hürde darin, «es emotional zu akzeptieren». Wir wollen es einfach nicht wahrhaben, und deshalb stellen wir unbewusst viele Hindernisse auf, um die Notwendigkeit, den Verlust zu akzeptieren, möglichst lange hinauszuzögern.

Phase zwei

Die Emotionen brechen auf

Gefühle gehören ganz wesentlich zu unserem Menschsein. Wenn wir versuchen, sie zu unterdrücken, macht uns das ärmer.

Die Emotionen brechen in dem Moment aus uns heraus, in dem uns klar zu werden beginnt, wie schwer der Verlust ist, den wir erlitten haben. Manchmal bricht ganz ohne Verwarnung ein unkontrollierbares Bedürfnis auf, unserer Trauer Ausdruck zu verleihen. Diesem Bedürfnis sollten wir nachgeben: Wir sollten es uns gestatten, die Gefühle zuzulassen, die wir tatsächlich empfinden. Wir verfügen über Tränendrüsen und sollten im gegebenen Fall ihre Funktion nicht unterdrücken.

In unserer Gesellschaft fällt es besonders Männern sehr schwer, zu weinen, weil man ihnen von klein auf beigebracht hat, dass ein Junge nicht weint. Wenn ein Junge stürzt und sich die Knie aufschürft und vor Schreck und Schmerz zu weinen anfängt, hebt man ihn vom Boden auf und sagt: «Na, na, kleiner Mann, wer wird denn weinen!» Und wenn er sich dann als Achtjähriger wehtut, traut er sich nicht, zu weinen, und er traut sich auch mit achtzehn nicht, wenn etwas passiert, worüber er weinen sollte. Mit achtunddreißig, wenn er einen schweren Verlust erlebt, hat er es verlernt.

Viele Männer halten Tränen nicht nur für ein Zeichen von Schwäche; sie sind überzeugt, Gefühle, denen man freien Lauf lässt, führten zu einem «Nervenzusammenbruch». Diese Ansicht ist längst widerlegt. Doch Männer scheinen nicht zu begreifen, dass gerade derjenige Probleme bekommt, der sich zusammenreißt und verschließt. Immer wieder beschreibt die Bibel im Glauben gefestigte Männer, die bitterlich weinten, wenn ihnen ein schreckliches Unglück widerfuhr: «Jede Nacht benetzen Ströme von Tränen mein Lager», heißt es in Psalm 6.

Wenn ich davon spreche, den Emotionen freien Lauf zu lassen, rede ich keiner religiösen Gefühlsduselei das Wort. Ich plädiere aber auch nicht für eine Religion, in der Gefühle keinen Platz haben. Es gehört wesentlich zu unserem Menschsein, unseren Emotionen Ausdruck zu verleihen. Der Versuch, sie zu unterdrücken, macht uns zu ärmeren Menschen.

Es ist ziemlich lächerlich, sich vorzustellen, man könnte ohne Emotionen ein tiefes und erfülltes Leben führen. Es geht nicht um Gefühlsduselei, sondern um unsere Gefühle, die die Motivation für alles liefern, was wir tun.

Einer der größten Fehler des intellektuellen Protestantismus besteht darin, dass er dazu tendiert, Gefühle zu unterdrücken. Der Sonntagsgottesdienst ähnelt heutzutage mehr einer Abfolge von Lesungen als einer Gotteserfahrung. Wir brauchen uns für Gefühle in unserem religiösen Erleben nicht zu entschuldigen – und ebenso wenig für unsere Gefühle, wenn wir Schmerz und Trauer erleben. Sie unter Verschluss zu halten kann uns nur schaden. Wir sollten unseren Schmerz und Kummer ausdrücken. Manche Menschen werden es als peinlich empfinden, ihre Trauer offen zu zeigen. Sie schaffen es allein und verarbeiten ihre Trauer auf eine andere, ihnen angemessene Weise.

Phase drei

Niedergeschlagenheit und das Gefühl tiefer Einsamkeit

Jeder Mensch trauert anders, doch das schreckliche Gefühl tiefer Niedergeschlagenheit und Isolation ist allen gemeinsam.

Irgendwann bricht sich ein Gefühl tiefer Niedergeschlagenheit und Einsamkeit Bahn. Es ist, als hätte
Gott seinen Himmel verlassen und sich von uns zu-
rückgezogen. In dieser Phase sind wir überzeugt, dass
noch nie jemand einen so tiefen Schmerz empfunden
hat, wie wir ihn gerade erleben.

Und es stimmt: Niemand hat jemals exakt genauso
getrauert wie wir jetzt in diesem Augenblick, weil
kein Mensch genau denselben Verlust in genau der-
selben Weise zu bewältigen hat wie ein anderer. Doch
die Erfahrung tiefster Niedergeschlagenheit und Isolation ist ein universelles Phänomen. In seinem Zustand tiefster Verzweiflung, in dem sich der eine oder
andere Leser vielleicht jetzt, in diesem Augenblick,
befindet, sollte er sich klarmachen, dass nach einem
schweren Verlust gar nichts anderes zu erwarten ist.
Diese Niedergeschlagenheit ist ganz normal und Teil
einer guten und gesunden Trauer.

Man könnte diese Niedergeschlagenheit im Bild

eines sehr düsteren Tages beschreiben. Die Wolken verdunkeln die Sonne so vollständig, dass wir sagen: «Heute scheint keine Sonne.» Wir alle wissen sehr wohl, dass die Sonne scheint, es sieht nur so aus, als ob sie verschwunden wäre. Es ist wie bei einem Flug an einem trüben und bewölkten Tag. Das Flugzeug steigt durch Schichten schwerer, dunkler Wolken auf, und wenn man aus dem Fenster blickt, sieht man gar nichts. Es ist stockdunkel. Und dann plötzlich, in neuntausend oder elftausend Meter Höhe, durchbricht das Flugzeug die obersten Wolkenschichten, und auf einmal kommt die Sonne durch und strahlt durchs Fenster. Alle Passagiere schauen hinaus auf die weißen, flauschigen Wolken, deren Unterseite noch schwarz ist, und einige rufen aus: «Ist das nicht wunderschön!» Einer meint: «Ein Jammer, dass die da unten das nicht sehen.» Aber die Menschen auf der Erde sagen: «Heute scheint keine Sonne.» Die Sonne scheint, aber zwischen die Menschen und die Sonne hat sich etwas geschoben.

Genauso ist es bei einer Depression. Etwas hat sich zwischen diesen Menschen und seine Mitmenschen geschoben, so dass er eine entsetzliche Einsamkeit empfindet, ein schreckliches Gefühl der Isolation, das er scheinbar nicht durchbrechen kann.

Wenn wir derart niedergeschlagen sind, gehen uns Gedanken durch den Kopf, die uns sonst fremd sind. Wir sagen, Gott habe uns verlassen. Wir zweifeln vielleicht sogar daran, dass es einen Gott gibt.

Diese Niedergeschlagenheit ist nicht etwas, das nur wenige Menschen kennen. Es ist eine Erfahrung, die jeder macht, der einen geliebten Menschen verloren hat oder etwas, das ihm lieb und teuer war. In der Bibel rufen starke Männer wie König David in den Psalmen aus tiefer Einsamkeit: «Was betrübst du dich, meine Seele, und bist so unruhig in mir? ... Mein Gott, betrübt ist meine Seele in mir ... Ich sage zu Gott, meinem Fels: Warum hast du mich vergessen? ... Wenn mich meine Feinde schmähen und täglich zu mir sagen: Wo ist denn nun dein Gott?» (Psalm 42,6–11)

Und auch wenn wir niedergeschlagen sind, ist es, als würden wir in unserem Innersten fragen: «Wo ist mein Gott?» Selbst Jesus kannte dieses Gefühl des Verlassenseins, als er am Kreuz ausrief: «Mein Gott, mein Gott, warum hast du mich verlassen?»

Im Zustand einer solchen tiefen Niedergeschlagenheit dürfen wir nie vergessen, dass sie vorbeigehen wird. Es werden hellere Tage kommen. Die schwarzen Wolken werden weiterziehen, wenngleich sehr langsam. Wer sich in einer solchen Situation befindet, ist freilich überzeugt, dass sich die Wolken nicht vom Fleck bewegen. Er ist überzeugt, dass er aus diesem Zustand nie mehr herausfindet. Man kann ihn nicht vom Gegenteil überzeugen. Doch die Erfahrung der Menschen im Laufe vieler Jahrhunderte besagt, dass sich die dunklen Wolken der Niedergeschlagenheit bewegen, dass sie weiterziehen.

Das Beste, was wir für einen Freund in einer solchen Situation tun können, ist, ihm in stiller Zuversicht zur Seite zu stehen und ihm zu versichern, dass es vorbeigehen wird. Er wird uns zunächst nicht glauben und sagen, wir wüssten nicht, wovon wir redeten. Er wird uns vielleicht sogar bitten, ihn allein zu lassen. Aber in der Regel meint er das nicht ernst. Wenn er erkennt, dass unser Mitgefühl aufrichtig ist, wird die stille Beteuerung unseres Vertrauens in Gottes fortwährenden Beistand enorm viel zu seiner Genesung beitragen.

Bei einigen ziehen die dunklen Wolken scheinbar recht schnell weiter. Etwas passiert in ihrem Inneren, oder es findet irgendein Ereignis statt, das sie auf die nächste Stufe der Trauer gelangen lässt. Bei anderen dauert es länger, und aus Wochen werden Monate. Die beständige und nicht nachlassende aufrichtige Anteilnahme kann für solche Menschen eine unermesslich große Hilfe sein.

Eine Gemeinschaft religiöser Menschen sollte nach dem Grundsatz leben: «Einer trage des anderen Last.» Wenn wir den Trauernden unsere Anteilnahme bekunden und uns um die kümmern, die sich von der Welt und von Gott verlassen fühlen, werden wir erfahren, wie dankbar die Betroffenen für diese Zuwendung sind.

Phase vier

Körperliche Symptome eines
seelischen Kummers

Zwischen einer Krankheit und der Bewältigung
eines schweren Verlustes besteht ein engerer
Zusammenhang, als wir gemeinhin annehmen.

Als Krankenhausseelsorger und durch meine enge Zusammenarbeit mit Ärzten und ihren Patienten über viele Jahre hinweg habe ich erkannt, dass die Ursache einer Krankheit oft in unbewältigter Trauer zu suchen ist. In der Regel ging der Patient wegen körperlicher Beschwerden zum Arzt. In einer zunehmenden Zahl von Fällen erzählten mir diese Menschen dann von einem schweren Verlust, den sie in den vergangenen Monaten oder in den vergangenen ein, zwei Jahren erlitten hatten. Im Gespräch wird klar, dass sie zentrale Probleme im Kontext dieses Verlustes immer noch nicht bewältigt haben. Solchen Fällen bin ich so oft begegnet, dass ich zu dem Schluss gelangt bin, es müsse einen sehr viel engeren Zusammenhang zwischen der Krankheit und der Bewältigung eines schweren Verlustes geben, als wir gemeinhin denken.

Manche dieser Menschen mit körperlichen Symptomen eines seelischen Kummers sind auf irgendeiner Stufe der zehn Phasen des Trauerprozesses stehen geblieben. Wenn ihnen niemand hilft, die emotionalen Probleme der Phase zu bewältigen, in der sie feststecken, werden sie krank bleiben, auch wenn sie noch so viele Medikamente einnehmen.

Ich will dieses psychosomatische Problem an einem konkreten Beispiel verdeutlichen.

Ein junges Paar Anfang dreißig, Mr. und Mrs. Brown, lebt in einer Kleinstadt in Iowa. Es könnte auch Illinois, Indiana oder irgendein anderer US-Bundesstaat sein. Sie leben in einem bescheidenen kleinen Haus, und der Mann hat eine Arbeit, die ihm sehr gut gefällt. Er bezieht zwar nur ein schmales Gehalt, aber das wird durch andere Dinge ausgeglichen. Jeden Mittag kommt er zum Essen nach Hause, und er und seine Frau haben Zeit, gemeinsam im Garten zu werkeln. Um fünf Uhr ist sein Arbeitstag zu Ende, und die beiden haben jeden Abend für sich. Sie führen ein erfülltes Leben in dieser Kleinstadt, wo sie beide geboren und aufgewachsen sind. Auch ihre Angehörigen leben hier. Sie haben zwar keine eigenen Kinder, aber ihre Nichten und Neffen kommen ständig zu Besuch, und so fehlt es ihnen an nichts.

Dann wird Mr. Brown gebeten, bei einer Tagung in

Chicago seinen Chef zu vertreten. Dort lernt er einen Mann kennen, der in Mr. Brown ein solches Potential erkennt, dass er ihm eine Stelle in seiner Firma anbietet – und fast das dreifache Gehalt wie in Iowa. Selbstverständlich nimmt Mr. Brown die Stelle an. Das Angebot, mehr Geld zu verdienen, schlägt man in Amerika niemals aus.

Zuhause in Iowa sind alle stolz auf die Browns, denn sie haben es geschafft. Sie erhalten Einladungen und Geschenke, und man wünscht ihnen alles Gute.

Mr. und Mrs. Brown beziehen ein schönes Apartment in Chicago. Alles ist wie im Bilderbuch, nur dass Mr. Brown jetzt nicht mehr zu Mittag nach Hause kommt und seine Frau ihn sehr vermisst. Am Anfang geht alles gut, bis sich herausstellt, dass er oft noch abends in der Stadt bleiben muss, um mit Firmenkunden essen zu gehen. Mrs. Brown ist darüber sehr unglücklich. Aber der größte Schlag erfolgt, als sie erfahren, dass Mr. Brown jetzt auch noch zwei bis drei Tage die Woche unterwegs sein muss. Das bedeutet, dass er seine Frau von Dienstag bis Freitag nicht sieht.

Was bedeutet das für Mrs. Brown? Es bringt ihr ganzes Lebenskonzept durcheinander. Die Zeit, die sie früher mit ihrem Mann, ihren Eltern und Geschwistern und mit der Teilnahme an Kleinstadtaktivitäten verbracht hat, ist jetzt mit Leere und Langeweile ausgefüllt. Den ganzen Tag hat sie nichts anderes zu tun, als die Wände ihrer hübsch eingerichteten Wohnung anzustarren. Sie ist von ihrem Naturell her kein besonders kontaktfreudiger Mensch und war nie gezwungen, sich Freunde zu suchen, denn sie hatte ja schon immer welche. Die Wohnung wird für sie zu einem Gefängnis. Sie hasst den neuen Job ihres Mannes, der ihn ihr genommen hat. Sie ärgert sich sogar über ihren Mann, weil er nur noch über geschäftliche Dinge redet, wenn er abends nach Hause kommt, und darüber, wie viel Geld er verdient.

Mrs. Brown ist das Geld und der Erfolg des Unternehmens völlig egal. Insgeheim wünscht sie dem Unternehmen den Konkurs, um mit ihrem Mann nach Iowa zurückkehren zu können. Das traut sie sich natürlich nicht zu sagen. Sie muss gute Miene zum bösen Spiel machen und so tun, als freue sie sich über den beruflichen Erfolg ihres Mannes. Bald jedoch bricht diese Fassade der «Verlogenheit» auf, und die beiden ahnen, dass etwas Schreckliches mit ihnen passiert.

Mrs. Brown hat einen schweren Verlust erlitten. Sie trauert. Sie vertraut sich niemandem an, nicht einmal in Briefen, denn sie will nicht kindisch erscheinen. Schließlich wird von ihr erwartet, dass sie von ihrem neuen und besseren Leben begeistert ist. Doch sie versinkt immer tiefer in einem Gefühl der Einsamkeit, der Niedergeschlagenheit und Isolation.

Dann entwickelt sie körperliche Symptome eines seelischen Kummers: Kopfschmerzen, Rückenschmerzen und alle möglichen anderen Schmerzen. Die Wochen vergehen, und sie fühlt sich elend. Schließlich muss sie ihrem Mann von ihren körperlichen Beschwerden erzählen, der darauf besteht, dass sie sofort zum Arzt geht. Der Arzt verschreibt ihr Medikamente, die ihr eine Zeitlang helfen. Doch nach ein paar Wochen treten dieselben Symptome wieder auf, und der Arzt schickt sie zu einer gründlichen Untersuchung ins Krankenhaus.

Dort kann man keine physische Erkrankung feststellen. Und trotzdem ist Mrs. Brown krank, genauso krank wie jemand, der sich ein Bein gebrochen hat oder an einem Magengeschwür leidet. Der Arzt bittet einen Seelsorger, Psychiater oder Sozialarbeiter, sich

Mrs. Browns anzunehmen, vermutet er doch, ihre Krankheit habe mit familiären Problemen zu tun. Zunächst spricht Mrs. Brown mit dem Geistlichen nur über positive Dinge. Als sie erkennt, wie gut sie mit ihm reden kann und dass er sich Zeit für sie nimmt, erwähnt sie, wie sehr sie Iowa vermisst.

Die Fassade bröckelt immer mehr, und schließlich beginnt sie, innerlich aufgewühlt, zu erzählen, wie sehr sie alles hasst, was mit ihrem Umzug nach Chicago zu tun hat. Ihre Feindseligkeit, ihre Schuldgefühle, all das ist eng verwoben mit dem Schmerz und der Trauer über diesen Verlust. Letztlich liegt hier auch die Ursache für ihre Krankheit.

In Situationen wie dieser, wenn der seelische Schmerz ein so wesentlicher Faktor der Krankheit ist, müssen Ärzte und Seelsorger, aber auch Sozialarbeiter und Krankenschwestern eng zusammenarbeiten, damit nicht nur die körperlichen Symptome behandelt werden. Mrs. Brown braucht jetzt Hilfe, damit sie die Ursachen dieser Beschwerden erkennt. Noch mehr aber muss ihr geholfen werden, den Verlust zu verarbeiten.

Für den Seelsorger ist dieser «Aufarbeitungsprozess» gleichbedeutend mit einer Überprüfung von

Glaubensüberzeugungen – in diesem Fall einer Überprüfung von Mrs. Browns Sicht des Lebens. Eine durchaus schwierige Aufgabe mit oft langen Monaten des Gesprächs, der Selbsterforschung, Selbstprüfung und der Begegnung mit teilnahmsvollen Gemeindemitgliedern.

Mrs. Browns Problem könnte damit zusammenhängen, dass ihr die Erfahrungen fehlen, die die meisten Menschen im Alter zwischen achtzehn und zwanzig machen. Ihre derzeitigen Schwierigkeiten sind eine verzögerte Reaktion: Jetzt erst, mit zweiunddreißig, muss sie sich damit auseinandersetzen, dass sie ihr Zuhause und ihre Familie verlassen hat und dabei ist, ihren Mann zu verlieren, und zwar alles gleichzeitig.

Die einfachste Lösung scheint zu sein, dass Mr. Brown seine Stelle kündigt, mit seiner Frau nach Iowa zurückkehrt und sein altes Leben wieder aufnimmt. Aber dann wären Mrs. Browns Schuldgefühle noch größer, hätte sie doch das Gefühl, ihrem Mann eine vielversprechende Zukunft genommen zu haben. Und gerade jetzt, da er am beruflichen Erfolg Geschmack findet, ist es kaum vorstellbar, dass er in seinem alten Job glücklich wäre. Nein, die beiden haben an einem Scheideweg ihres Lebens die Weichen neu gestellt und damit ihr Leben für immer verändert.

Sie können nicht einfach umkehren und ihr Leben an dem Punkt wieder aufnehmen, wo sie es geändert haben, denn sie selbst haben sich verändert. Und sie werden erst dann wirklich in der Lage sein, die neuen Probleme zu bewältigen, vor die das Leben sie stellt, wenn sie ihre Lebensphilosophie gründlich überdacht haben.

Mr. und Mrs. Brown haben sicher nicht das Gefühl, dass ihr Problem im Kern philosophisch und religiös ist, und doch ist es so. Um ein erfülltes, sinnvolles Leben führen zu können, muss jeder Mensch zum Philosophen werden und nach einem Sinn seines Lebens suchen. Der Umzug nach Chicago hat die beiden gezwungen, darüber nachzudenken, was für sie im Leben wichtig und erstrebenswert ist.

Die christliche Religion bietet einen anregenden Rahmen für dieses Nachdenken. Jeder gute Seelsorger hat den Wunsch, Menschen wie Mr. und Mrs. Brown zu ermutigen, sich mit den Grundüberzeugungen auseinanderzusetzen, die das Leben gestalten helfen, damit ihr Glaube entsprechend ihrem Alter wachsen und reifen kann.

Phase fünf

Panik

Die Unfähigkeit, sich in einer Zeit der Trauer zu konzentrieren, ist etwas vollkommen Natürliches.

P anik befällt uns, weil wir an nichts anderes mehr denken können als an den erlittenen Verlust. Wir versuchen mit allen Mitteln, uns abzulenken, und vielleicht gelingt uns das für ein paar Augenblicke, aber bald sind wir wieder am Ausgangspunkt. Das hindert uns natürlich daran, unsere Verpflichtungen effizient zu erfüllen. Wir haben das Gefühl, unter unseren Möglichkeiten zu bleiben, und fangen an, unsere Zurechnungsfähigkeit in Zweifel zu ziehen. Fragen müssen wir uns so oft wiederholen lassen, dass sich alle wundern, was mit uns los ist. Wir können uns einfach nicht konzentrieren.

Wir malen uns alles mögliche Unangenehme aus, wenn wir an Leute denken, die nach einer schweren Verlusterfahrung in die Psychiatrie eingeliefert wurden. Dabei ist die Unfähigkeit, sich in einer Zeit der Trauer zu konzentrieren, etwas ganz Natürliches. Es wäre sehr viel merkwürdiger, wenn wir unseren Schmerz einfach beiseiteschieben könnten, um uns wieder unseren Alltagsverpflichtungen zuzuwenden. Wenn uns etwas, das über einen langen Zeitraum hinweg enorm wichtig für uns war, plötzlich genommen wird, können wir gar nicht anders, als uns zu diesem verlorenen Objekt ständig hingezogen zu fühlen. Und wir leiden, wenn wir mit der allmählich in unser Bewusstsein einsickernden Einsicht ringen, dass es für immer verloren ist.

Wenn ein Mensch fürchtet, seinen Verstand zu verlieren, gerät er leicht in Panik. Eine lähmende Angst befällt ihn. Oft ist es die Angst vor dem Unbekannten oder vor etwas, das er nicht versteht, das diese Panik auslöst.

Es ist daher gut, schon im Vorfeld einer Krise etwas über den Trauerprozess zu wissen, um dann mit der Panik, die die Angst vor dem Unbekannten begleitet, leichter fertigzuwerden. Wenn wir wissen, welche Streiche die Trauer über einen Verlust unserem Verstand spielen kann, werden wir nicht von den verstörenden Gedanken überwältigt, die sich in einer solchen Situation einschleichen. Die panische Angst, etwas vollkommen Anormales zu erleben, kann uns in noch tiefere Verzweiflung stürzen. Aber es ist nichts Anormales. Es ist vielmehr ganz normal. Tröstlich zu wissen, dass sogar Panik etwas Normales ist.

Um über eine solche Zeit hinwegzukommen, in der wir an nichts anderes denken können als an das, was wir verloren haben, müssen wir uns für neue menschliche Beziehungen öffnen. Wir möchten am liebsten vor dem Leben davonlaufen. Etwas Neues auszuprobieren ist das Letzte, wonach uns der Sinn steht. Uns fallen hundert verschiedene Gründe ein, warum wir lieber zu Hause bleiben und Trübsal blasen, statt uns zu öffnen, uns auf andere Menschen zuzubewegen und andere Gedanken zuzulassen. Der Wunsch, sich zurückzuziehen, ist ganz natürlich, diese Reaktion erwartbar. Aber wir dürfen uns nicht in unseren Schmerz einigeln, denn dadurch dauert unsere Trauerarbeit nur noch länger. Und einen Schmerz zu bewältigen ist Schwerstarbeit!

Phase sechs

Schuldgefühle

Unbewältigte Schuldgefühle können uns
elend machen und eine Vielzahl körperlicher
Symptome hervorrufen.

Wir sollten von Anfang an zwischen «normalen» und neurotischen Schuldgefühlen unterscheiden. In der Regel sind normale Schuldgefühle solche, die wir empfinden, wenn wir etwas getan oder unterlassen haben, für das wir uns nach den Maßstäben der Gesellschaft, in der wir leben, schuldig fühlen sollten. Gemessen an der tatsächlichen Verstrickung in ein bestimmtes Problem sind neurotische Schuldgefühle unverhältnismäßig stark.

Lassen Sie mich darlegen, was echte oder normale Schuldgefühle sind. Beim Tod eines geliebten Menschen ist es kaum vorstellbar, dass jemand, der mit dem Verstorbenen eng zusammengelebt hat, keine Schuldgefühle entwickelt beziehungsweise nicht das Gefühl hat, zu dessen Lebzeiten bestimmte Dinge versäumt oder etwas getan zu haben, was den anderen womöglich gekränkt hat. Er weiß, dass er in der Beziehung zu diesem Menschen in Gedanken, Worten und Werken Fehler gemacht hat, und seine religiöse Erziehung sagt ihm, dass er sich dieser Verfehlung zu stellen und sich dafür schuldig zu fühlen hat.

Ein Mensch mit einem reifen religiösen Glauben kennt solche Schuldgefühle. Bei der Bewältigung dieser sechsten Phase der Trauer hat er einen Vorteil gegenüber demjenigen, der von Verfehlung und Gnade noch nie etwas gehört hat. Er kennt das enorme Gefühl der Befreiung, wenn er im religiösen Schuldbekenntnis seine Verfehlung eingesteht. Er kennt das göttliche Geschenk der Vergebung und des Angenommenseins und fürchtet ein solches Schuldeingeständnis nicht. Er weiß, dass echte Schuld nicht beschönigt werden darf und auch nicht unterdrückt werden sollte. Er hat gelernt, Schuld zu bewältigen, und zu diesem Prozess gehört das Gefühl der Entfremdung von Gott, echte Reue und ein aufrichtiges Eingeständnis der Schuld.

Das reuevolle Bekenntnis wahrer Schuld ist Bestandteil eines jeden Gottesdienstes. Wir alle haben es nötig zu sagen: «Gott, sei mir gnädig in deiner Güte. Schaffe in mir, Gott, ein reines Herz, und gib mir einen neuen, beständigen Geist.» (Psalm 51,12–14)

Aber es gibt auch neurotische Schuldgefühle, die mit wahrer Schuld oft so eng verwoben sind, dass das eine vom anderen kaum zu trennen ist. Jeder Mensch kennt neurotische Schuldgefühle, die Frage ist nur, in welchem Ausmaß sie auftreten. Wir alle sollten uns über solche neurotischen Tendenzen im Klaren sein und nicht glauben, dass nur die anderen zu solchen Mechanismen greifen, um der Realität zu entfliehen.

Ein Beispiel für neurotische Schuldgefühle ist der Fall einer Tochter, die über Tage und Wochen im Krankenhaus schlaflos am Bett ihrer alten Mutter sitzt. Jetzt hat der Arzt sie aufgefordert, nach Hause zu gehen und einmal richtig zu schlafen, aber ausgerechnet in dieser Nacht stirbt die Mutter. Die Tochter wird es sich nie verzeihen, dass sie nicht dabei war. Sie grübelt endlos darüber nach und steigert sich in überzogene Selbstvorwürfe hinein.

Wenn sie das Problem mit jemandem besprechen könnte, der erkennt, dass ihre Schuldgefühle nur die Symptome von etwas Tieferliegendem sind, würde sie vielleicht einen Weg finden, mit ihrer neurotischen Schuld umzugehen, und wäre nicht so unglücklich. Sofern sie diese Probleme nicht jetzt verarbeitet, könnten sie zu einem Hindernis auf ihrem Weg zurück ins Leben werden.

Unbewältigte Schuldgefühle und falsch verstandene Emotionen dieser Art können einem Menschen über Jahre hinweg das Leben schwer machen, aber auch vielfältige körperliche Symptome auslösen. Wichtig ist, dass wir uns sowohl mit unseren normalen als auch mit unseren neurotischen Schuldgefühlen auseinandersetzen. Wir brauchen keine Angst zu haben und müssen uns auch nicht schämen, über unsere Schuldgefühle mit einem Fachmann zu sprechen, der uns beraten und helfen kann.

Phase sieben

Wut und Groll

Wut und Groll können ein normaler Teil
der Trauerarbeit sein. Wenn sie aber die Oberhand
gewinnen, können sie großen Schaden anrichten.

Allmählich finden wir aus unserer Niedergeschlagenheit heraus und werden zunehmend
fähig, die heftigen Gefühle von Wut und Groll auszudrücken, über die wir uns bis dahin vielleicht gar
nicht im Klaren gewesen sind.

Wenn ich sage, Wut und Groll seien Bestandteil
der «guten Trauer», so muss ich das näher erläutern.
Ich möchte nicht den Eindruck vermitteln, dass ich
Trauernde ermutige, wütend oder feindselig zu sein.
Ich will lediglich sagen, dass solche Gefühle normal
sind und dass selbst ein sehr gläubiger Mensch Wut
und Groll empfinden kann, auch wenn er sich be-
müht, diese Gefühle zu sublimieren. Es wäre sehr
schädlich für uns, wenn wir uns selbst, Gott und unseren Freunden nicht eingestehen könnten, dass wir,
da wir ja Menschen sind, manchmal Wut und Groll
empfinden, und nicht um die Kraft bitten würden,
sie zu überwinden.

Anders gesagt: Groll ist keine gesunde Emotion,

und wenn er die Oberhand gewinnt, kann er großen Schaden anrichten. Trotzdem ist er ein normaler Bestandteil des Trauerprozesses. Wir müssen mit diesen Gefühlen rechnen, wir müssen dagegen ankämpfen und sie mit der Gnade Gottes überwinden.

Wenn uns etwas Wertvolles genommen wird, machen wir zwangsläufig eine Phase durch, in der wir mit allem und jedem, der in irgendeiner Weise mit diesem Verlust in Verbindung stand, hart ins Gericht gehen. In unserer systematischen Prüfung des Geschehens, im Versuch, zu verstehen, warum es passiert ist und wer dafür Verantwortung trägt, schonen wir niemanden. Es ist ganz menschlich, dass wir einen Schuldigen suchen. Wenn wir jemanden durch Tod verloren haben, reagieren wir denen gegenüber feindselig, die sich um den Kranken gekümmert haben. Wir zeigen dem Arzt gegenüber feindselige Reaktionen, weil er den Patienten operiert oder nicht operiert hat. Egal, was er getan hat, es war falsch. In diesem Zustand begegnen wir jedem voreingenommen.

Im Gespräch mit einem Geistlichen, der uns ermuntert, auszudrücken, was wir wirklich denken, sagen wir vielleicht: «Warum hat Gott mir das angetan?» oder «Wie kann es einen liebenden Gott geben, wenn er die Menschen so behandelt?» Oder wir sagen zynisch mit Thomas Carlyle: «Gott sitzt in seinem Himmel und tut nichts.»

Phase acht

Der beschwerliche
Wiedereinstieg ins Leben

Unser heutiger Lebensstil erschwert es uns, in Gegenwart anderer über einen Verlust zu trauern.

Auch wenn wir in der Bewältigung unserer Trauer schon weit vorangeschritten sind und unsere normalen Aktivitäten gern wieder aufnehmen möchten, gibt es etwas in uns, das sich dieser Rückkehr widersetzt. Wir haben einen schweren Verlust erlitten und sind überzeugt, dass andere dessen Tragweite gar nicht ermessen können. Sie reden über scheinbar belanglose Dinge und lassen uns mit unserem Schmerz allein. Die Tragödie, die wir erlebt haben, haben die anderen schon vergessen. Irgendjemand muss die Erinnerung wachhalten. Wir dürfen nicht zulassen, dass alles weiter seinen gewohnten Gang geht.

Der Rhythmus unseres modernen Lebens spielt hierbei womöglich eine wichtige Rolle. Sobald man mit einer Sache fertig ist, fängt man etwas anderes an, und so geht es immer weiter. Und wenn ihr eigenes Leben ereignislos ist, stürzen sich die Menschen wenigstens in aufregende Abenteuer auf dem Fernsehschirm. Die meisten Menschen nehmen sich keine Zeit, anderen bei der Bewältigung ihres Verlustes zu helfen. Und wir haben selten das Gefühl, unsere Trauerarbeit abgeschlossen zu haben.

Wir haben auch das Gefühl, dass es viel zu schmerzlich ist, ins Leben zurückzukehren. Lieber trauern wir, als den tagtäglichen Kampf wieder aufzunehmen und uns mit der neuen Situation abzufinden. Trauern ist zwar schmerzlich, aber weniger schmerzlich, als stündlich neue Entscheidungen treffen zu müssen. Wir fühlen uns in unserer Trauer wohler als in der neuen, unvorhersehbaren Welt. Wir möchten an dem festhalten, was uns vertraut geworden ist.

Es gibt weitere Gründe dafür, sich einer Rückkehr ins Leben zu widersetzen. Die Art und Weise, wie wir heute leben, macht es uns schwer, in Gegenwart anderer über einen Verlust zu trauern. Wir sind gezwungen, die ganze Last unserer Trauer selbst zu tragen.

Dies gilt ganz besonders dann, wenn ein geliebter Mensch stirbt. Als wir selber noch Kinder waren, haben die Menschen offener getrauert. Die Männer trugen schwarze Trauerbinden am Arm und die Frauen sechs Monate bis ein Jahr lang einen schwarzen Schleier als sichtbares Zeichen ihrer Trauer. Eine der letzten Persönlichkeiten des öffentlichen Lebens, die eine solche schwarze Armbinde trug, war der amerikanische Präsident Franklin Roosevelt nach dem Tod seiner Mutter.

In einigen Teilen Europas tragen die Menschen bis heute ein sichtbares Symbol ihrer Trauer. Aber irgendwie haben wir den Eindruck, dass in unserer Gesellschaft die Trauer deplatziert ist. Es ist wie eine unausgesprochene Verschwörung des Schweigens: Wir vermeiden es, darüber zu sprechen, und stellen unsere Trauer ganz bestimmt nicht durch ein äußeres Zeichen zur Schau. Nach dem Tod eines Angehörigen bekunden wir zwar unseren trauernden Freunden unser Mitgefühl, aber von da an gilt der Satz: «Business as usual.»

Typisch ist das Beispiel einer Witwe, deren Mann ein Jahr zuvor gestorben ist und die sich mit ein paar Freunden trifft, die ihren Mann gut gekannt haben. Während sie so reden, erinnert sich einer der Freunde an eine lustige Geschichte über diesen Mann. Er möchte sie gern erzählen, doch dann verzichtet er darauf – aus Rücksicht auf die Witwe, um nicht eine alte Wunde aufzureißen. Er und auch alle anderen vermeiden mit Bedacht jedes Gespräch über den Toten.

Wenn er die Geschichte erzählt hätte, hätte die Witwe bestimmt herzlich gelacht und sich sehr gefreut. Vielleicht hätten in ihren Augen ein paar Tränen geglänzt. Wenn er gesagt hätte: «Entschuldige bitte, ich hätte diese Geschichte gar nicht erzählen sollen», hätte die Witwe wahrscheinlich geantwortet: «Nein, nein! Du bist seit Wochen der Erste, der meinen Mann überhaupt erwähnt. Niemand spricht mehr über ihn. Es ist ein wunderbares Gefühl zu wissen, dass sich überhaupt noch jemand an ihn erinnert.»

Darin besteht unter anderem die Aufgabe von Freunden: die Erinnerung an den geliebten Menschen wachzuhalten und Anteilnahme zu zeigen, vor allem, wenn jemand einen schweren Verlust erlitten hat. Die meisten Trauernden sind sehr rücksichtsvoll und wollen andere nicht mit ihren Problemen belasten. Wenn wir ehrliches Interesse an dem anderen zeigen, bekunden wir unsere Bereitschaft, seine Last mitzutragen.

Phase neun

Allmählich kehrt die Hoffnung zurück

Wir brauchen die Zuneigung und Ermutigung
der Menschen in unserem Umfeld.

Ab und zu gibt es einen kleinen Hoffnungsschimmer. Der Himmel mit den dunklen Wolken bricht auf, und gelegentlich kommt ein Sonnenstrahl durch. Kann sein, dass die tiefe Trauer ein paar Wochen oder sogar viele Monate anhält. Wir wissen nicht genau, wie lange unsere Trauer noch dauern wird. Und wir dürfen nicht vergessen, dass zwei Menschen nie auf dieselbe Art und Weise trauern, dass ihre Trauersituation nicht identisch ist.

Es wäre falsch, wenn der Eindruck entstünde, dass wir weniger menschlich wären, wenn wir unsere Emotionen nicht offen zeigen würden. Manche Menschen drücken ihre Gefühle nicht aus, und sie verspüren auch nicht das Bedürfnis dazu. Still für sich ringen sie wahrscheinlich mit vielen dieser Phasen, aber von ihrem Naturell her sind sie sehr gut in der Lage, dieses Problem allein zu lösen. Sie wollen nicht, dass sich jemand in ihr Leben «einmischt» und versucht, ihnen in ihrem Schmerz beizustehen, und sie brauchen es auch nicht. Wenn wir versuchen, uns einem solchen Menschen aufzudrängen, werden wir schnell merken, dass es besser ist, ihn das Problem allein lösen zu lassen. Wir sollten ihm aber zu verstehen geben, dass er auf uns zählen kann, falls er uns braucht.

Die meisten Menschen haben allerdings durchaus das Bedürfnis, ihre Emotionen zum Ausdruck zu bringen. Sie brauchen die Zuneigung und Ermunterung der Menschen in ihrem Umfeld. Wenn sie die Herzlichkeit der anderen spüren, erkennen sie leichter, wie unrealistisch es ist, alle Chancen eines Lebenssinns auszuschlagen. Sie erkennen, dass neue, sinnvolle Erfahrungen in ihrem Leben möglich sind.

Ein Gegenbeispiel ist die Witwe, die ein sonderbares Verhalten zeigt, seitdem ihr Mann, ein Musiker, vor zwanzig Jahren gestorben ist. Sein Musikzimmer ist seit seinem Tod unverändert. Sie hat sein Klavier abgeschlossen, und niemand darf das Zimmer betreten. Jeden Tag steht sie mit ihren Erinnerungen lange in der Tür. Sie weigert sich hartnäckig, ins Leben zurückzukehren. Alle nennen sie «die exzentrische alte Dame».

Nach allem, was wir heute über den Trauerprozess wissen, scheint es, als hätte ihr nach dem Tod ihres

Mannes niemand geholfen, neue Interaktionsmuster für ihr Leben zu erproben und einzuüben. Offenkundig hatte sie wenige oder gar keine Freunde, die ihr in diesen schwierigen Tagen zur Seite standen. Und so gab es auch niemanden, der sie dazu ermunterte, auf normale Art und Weise zu trauern. Sie hatte das Gefühl, ihr einziger Freund sei ihr verstorbener Ehemann, dem sie treu bleiben müsse. Deshalb schloss sie das Klavier ab. Wenn jemals wieder jemand darauf spielen würde, wäre das für sie ein Verrat der Erinnerung an den einzigen Menschen, auf dessen Freundschaft sie zählen konnte.

Rabbi Joshua Liebmans Buch *Peace of Mind* enthält ein eindringliches Kapitel über die bedächtige Weisheit der Trauer («Grief's Slow Wisdom») und über die Versuchung, nicht zu unseren gewöhnlichen Aktivitäten zurückzukehren.

Liebman schreibt: «Die Melodie, die der geliebte Mensch auf dem Klavier unseres Lebens gespielt hat, wird nie wieder auf diese Weise erklingen. Aber wir dürfen die Tastatur nicht schließen und zulassen, dass sich auf dem Instrument Staub ablagert. Wir müssen Seelenverwandte suchen, neue Freunde, die uns helfen, ins Leben zurückzufinden, und die bereit sind, diesen Weg mit uns gemeinsam zu gehen.»

Phase zehn

Die Realität annehmen

Nach einer schmerzlichen Trauererfahrung wird
das Leben nie wieder so sein wie zuvor.
Aber es gibt im Leben vieles, was man akzeptieren
und bejahen kann.

Schließlich beginnen wir, die Realität anzunehmen. Ich will nicht falsch verstanden werden: Ich sage nicht, das Ziel der letzten Phase bestehe darin, dass man derselbe Mensch wird, der man zuvor gewesen ist. Aus einer schmerzlichen Trauererfahrung gehen wir immer verwandelt hervor. Und je nachdem, wie wir auf den Verlust reagieren, werden wir stärker oder schwächer, geistig gesünder oder kränker sein als zuvor.

Aus meiner Beobachtung Hunderter Menschen, die erschütternde Trauererfahrungen zu bewältigen hatten, kann ich sagen, dass ein Mensch mit einem reifen und gesunden religiösen Glauben nach einer solchen Erfahrung besser in der Lage ist, anderen zu helfen, die ähnlich schwere Tragödien zu verarbeiten haben. Ich habe auch miterlebt, dass Menschen nach einer Trauererfahrung zu einem tieferen Glauben fanden.

Menschen mit einem unreifen oder kindlichen Glauben verarbeiten den Verlust oft auf ungesunde

Weise. Einige bewältigen ihre Trauer nie ganz und haben noch Monate oder sogar Jahre später mit sich zu kämpfen. Spirituell reifere Menschen scheinen ihre Trauer besser verarbeiten zu können, weil ihnen die Überzeugung hilft, dass Gott ihnen nahe ist. Sie haben nicht das Gefühl, Gegenwart und Zukunft ganz allein bewältigen zu müssen.

Meiner Ansicht nach ist es wichtig, seinen Glauben weiterzuentwickeln, denn ich habe gesehen, dass solche Menschen auch in den schlimmsten Prüfungen ihres Lebens Größe zeigen. Umgekehrt habe ich beobachtet, was mit Menschen geschieht, die sich in guten Zeiten spirituell nicht weiterentwickeln. Sie waren nicht einmal auf die kleinsten Verluste vorbereitet, mit denen jeder Mensch im Laufe seines Lebens konfrontiert wird.

Gläubigen Menschen fällt diese Kraft zur Bewältigung von Verlusten jedoch nicht einfach in den Schoß. Wie ein Sportler, der ständig trainieren muss, so steht auch ein solcher Mensch ständig im Training, um für den Ernstfall gewappnet zu sein. Ein schwerer Verlust trifft ihn also nicht unvorbereitet. Er hat gelernt, auf schöpferische Weise damit umzugehen. Zwar empfindet auch er tiefen Schmerz und tiefe

Trauer, und auch er geht durch die verschiedenen Trauerphasen, die wir beschrieben haben. Aber am Ende wird er zu der Erkenntnis gelangen, dass ihm nicht alles genommen wurde. Zwar erkennt er, dass das Leben nie mehr so sein wird wie zuvor, aber er beginnt zu spüren, dass es im Leben vieles gibt, das er bejahen kann. Und etwas zu bejahen heißt, zu sagen, dass es gut ist.

Wenn ein Mensch mit einem reifen Glauben einen schmerzlichen Verlust erleidet, hilft ihm seine ungewöhnliche Beziehung zu Gott. Seine innere Stärke und Gelassenheit erwächst aus der Überzeugung, dass niemand ihm diese Beziehung zu Gott nehmen kann. Mit dieser Grundeinstellung begegnet er jedem leidvollen Verlust in dem Bewusstsein, nicht alles verloren zu haben. Er hat immer noch Gott, auf den er sich verlassen kann. Ich habe beobachtet, dass diese Sicht des Lebens die Trauererfahrung eines Menschen in entscheidender Weise prägt. Die Trauer kann sogar zu einer heilsamen, guten Erfahrung werden.

Ein Mensch sollte nicht versuchen, die ganze Last seiner Trauer allein zu tragen. Über die Jahrhunderte hinweg haben Menschen neue Kraft aus dem Satz geschöpft: «Ich bin bei euch alle Tage.» Und so sage ich: «Seid traurig, aber nicht wie jene, die keine Hoffnung haben.» Wenn es etwas zu betrauern gibt, dann trauert.

Wenn wir beginnen, die Realität anzunehmen, werden wir sehen, dass wir vor der realen Welt keine Angst zu haben brauchen. Wir können wieder in ihr leben, wir können sie sogar wieder lieben. Eine Zeitlang haben wir gedacht, das Leben hätte für uns nichts Bejahenswertes mehr. Jetzt aber bricht der Himmel voll dunkler Wolken langsam auf, und gelegentlich kommt sogar für kurze Momente die Sonne durch. Die Hoffnung, die auf den Glauben an einen Gott gegründet ist, auf den sich unsere Väter und Mütter verlassen konnten, wird wieder Teil unserer Sicht auf das Leben. Und obwohl wir immer noch zu kämpfen haben, können wir doch die Realität akzeptieren.